AF460219

Châteaudun. — Imprimerie J. PIGELET

23 nov 1893

CATALOGUE

D'UNE

JOLIE COLLECTION DE LIVRES

DE

L'ÉCOLE ROMANTIQUE

CONDITIONS DE LA VENTE

1° Il y aura, chaque jour de vente, de deux heures à quatre heures, exposition des livres composant la vacation.

2° Les livres vendus devront être collationnés sur place dans les vingt-quatre heures de l'adjudication. Passé ce délai, ou une fois sortis de la salle de vente, ils ne seront repris pour aucune cause.

3° Les acquéreurs paieront, en sus du prix d'adjudication, cinq centimes par franc, applicables aux frais.

NOTA. — MM. LECLERC et CORNUAU, libraires, chargés de la vente, rempliront les commissions qu'on voudra bien leur confier.

Première vacation. — Jeudi 23 novembre 1893.

Numéros 1 à 148.

Deuxième vacation. — Vendredi 24 novembre 1893.

Numéros 149 à 300.

Troisième vacation. — Samedi 25 novembre 1893.

Numéros 301 à 450.

Châteaudun, Imprimerie J. PIGELET.

CATALOGUE

D'UNE

JOLIE COLLECTION DE LIVRES

DE

L'ÉCOLE ROMANTIQUE

LA PLUPART BROCHÉS

Provenant de la Bibliothèque de M. AUGUSTE DUCOIN

DONT LA VENTE AURA LIEU

LES JEUDI 23, VENDREDI 24 & SAMEDI 25 NOVEMBRE 1893

A HUIT HEURES DU SOIR

RUE DES BONS-ENFANTS, 28

Salle n° 2

Par le ministère de Me MAURICE DELESTRE, commissaire-priseur,
27, rue Drouot

Assisté de MM. LECLERC et CORNUAU, libraires.

PARIS
LIBRAIRIE TECHENER
(H. LECLERC ET P. CORNUAU)
219, rue Saint-Honoré, au coin de la rue d'Alger.

—

1893

CATALOGUE

D'UNE

JOLIE COLLECTION DE LIVRES

DE L'ÉCOLE ROMANTIQUE

---

1. ALCY (Georges d'). L'Oasis. *Paris, L. Curmer*, 1842 : pet. in-8, vignettes grav. sur bois, broché.

2. AMARANTE (L'), causeries du soir, par Albert de Calvimont. *Paris, Urbain Canel et Adolphe Guyot*, 1832 ; in-16, broché (*couvert. imp.*)

   Édition originale ; frontispice d'Henry Monnier.

3. ANICET-BOURGEOIS ET LOCKROY. Perinet Leclerc ou Paris en 1418, drame historique en cinq actes, musique de A. Piccini. *Paris, Barba*, 1832 ; in-8, cart., non rogné.

   Grande lithographie de E. Bonhomme.

4. ANNALES ROMANTIQUES, recueil de morceaux choisis de littérature contemporaine. *Paris, Urbain Canel*, 1826 : in-16, broché (*couvert. imp.*)

5. ARLINCOURT (Vicomte d'). Le Solitaire. *Paris*, 1821 ; in-8, cart.

Seconde édition.

6. — Les Ecorcheurs ou l'usurpation et la peste, fragmens historiques, 1418. *Paris, Eugène, Renduel*, 1833 ; 2 vol. in-8, brochés (*couvert. imp.*)

Edition originale. Deux vignettes-fronstispices, gravées sur bois.

BALZAC

7. Scènes de la vie privée, publiées par M. Balzac. *Paris*, 1830 ; 2 vol. in-8, brochés.

Edition originale.

8. Physiologie du mariage, ou méditations de philosophie éclectique sur le bonheur et le malheur conjugal, publiées par un jeune célibataire. *Paris, Levavasseur*, 1830 ; 2 vol. in-8, demi-rel. toile, tr. marb.

Edition originale.

9. Seraphita, par M. de Balzac. Extrait du livre mystique. *Paris, Werdet*, janvier 1836 ; in-8, broché (*couv. imp.*)

Edition originale.
La couverture porte la date de 1838 et le nom de Levavasseur.

10. Le Lys dans la Vallée, par M. de Balzac. *Paris, Werdet*, 1er juin 1836 ; 2 vol. in-8, cart., toile bleue, non rognés.

Edition originale. Exemplaire ayant besoin d'être lavé. Cachets de cabinet de lecture.

11. Histoire de la grandeur et de la décadence de César Birotteau, parfumeur... Nouvelle scène de la vie parisienne, par M. de Balzac. *Paris, chez l'éditeur*, 1838 ; 2 vol. in-8, brochés *(couvert. imp.)*

Edition originale. Les dos des couvertures manquent.

12. Un grand homme de province à Paris, scène de la Vie de Province, par H. de Balzac. *Paris, Hippolyte Souverain*, 1839 ; 2 vol. in-8, brochés, non coupés *(couvert. imp.)*

Edition originale ; très bel exemplaire.

13. Béatrix ou les amours forcés. Scènes de la vie privée par H. de Balzac. *Paris, Hippolyte Souverain*, 1840 ; 2 vol. in-8, brochés, non coupés *(couvert. imp.)*

Bel exemplaire.

14. Vautrin, drame en cinq actes, en prose, par M. de Balzac. *Paris, Delloye et Tresse*, 1840 ; in-8, broché *(couvert. imp.)*

Edition originale.

15. Le même drame. *Paris, Delloye*, 1840 ; in-8, broché *(couvert. imp.)*

Troisième édition, augmentée et corrigée.

16. Revue parisienne, dirigée par M. de Balzac, 25 juillet-25 septembre 1840 ; in-16, broché, non coupé.

17. Histoire de l'Empereur, racontée dans une grange par un vieux soldat et recueillie par M. de Balzac. Vignettes par Lorentz, gravures par Brevière et Novion. *Paris, Dubochet*, 1842 ; in-16, demi-rel. toile, tête jaspée, ébarbé *(couvert. imp.)*

18. Scènes de la vie de Campagne. Les Paysans, par H. de Balzac. *Paris, Paul de Potter, s. d.* ; 5 vol. in-8, brochés, non coupés (*couvert. imp.*)

Edition originale. Très bel exemplaire de la plus grande fraîcheur.

19. Scènes de la vie politique. Une ténébreuse affaire, par M. de Balzac. *Paris, Hippolyte Souverain.* 1842 : 3 vol. in-8, cart. toile verte, non rognés.

Edition originale. Cachet de cabinet de lecture sur les titres.

20. Splendeurs et misères des Courtisanes. Esther, par M. de Balzac. *Paris, L. de Potter*, 1845 ; 3 vol. in-8, brochés, non coupés (*couvert. imp.*)

Edition originale. Très bel exemplaire.

21. Modeste Mignon, ou les trois amoureux, par H. de Balzac. *Paris*, 1845 : 4 vol. in-8, brochés.

22. La dernière incarnation de Vautrin, par H. de Balzac. *Paris, Louis Chlendowski*, 1848; 3 vol. in-8, cart., toile verte, non rognés.

Edition originale ; cachet de cabinet de lecture sur les titres.

23. Les Parens pauvres, par H. de Balzac. *Paris, chez Louis Chlendowski*, 1847, *Petion* 1848 ; 12 vol. in-8, en feuilles.

Edition originale. Exemplaire lavé et encollé, préparé pour la reliure. Le faux titre du tome 8 est réimprimé.

24. Mercadet, comédie en trois actes et en prose, par H. de Balzac. *Paris, librairie théâtrale*, 1851 ; in-12, broché (*couvert. imp.*)

Edition originale.

25. Traité de la vie élégante. *Paris, Librairie nouvelle*, 1855 ; in-16, broché *(couvert. imp.)*

Edition originale.

---

26. BARBEY D'AUREVILLY. La Bague d'Annibal. *Paris, Duprey*, 1843 ; in-16, papier vergé, broché *(couvert. imp.)*

Edition originale imprimée à cent cinquante exemplaires.

27. BARBIER (Auguste). Iambes. *Paris, Urbain Canel et Ad. Guyot*, 1832 ; in-8, broché *(couvert. imp.)*

Edition originale. Bel exemplaire.

28. BAST (Amédée de). L'Enfant de chœur, 1793-1814. *Paris, Hippolyte Souverain*, 1832 ; in-8, broché, non coupé *(couvert. imp.)*

Edition originale.

29. — Les Fresques, historiettes et contes. *Paris, Hachette*, 1859 ; in-12, broché *(couvert. imp.)*

30 BEAUCHESNE (A. de). Souvenirs poétiques. *Paris, Guyot et Dentu*, 1834 ; in-8, broché *(couvert. imp.)*

Troisième édition, revue, corrigée et augmentée d'un livre nouveau.

31. BERNARD (Charles de). Les Ailes d'Icare. *Paris, Gosselin*, 1840 ; 2 vol. in-8, brochés *(couvert. imp.)*

Edition originale.

32. — Gerfaut, quatrième édition. *Paris, Gosselin*, 1840 ; 2 vol. — La Peau du lion et la chasse aux amants. *Id. Id.*, 1841 ; 2 vol. Ens. 4 vol. in-8, cart. toile bleue, non rognés.

Cachets sur les titres.

33. BERTHOUD (S. Henry). Contes misanthropiques, publiés par Charles Lemesle. *Paris, Werdet*, 1831 ; in-8, broché (*couvert. imp.*)

Edition originale.

34. — Le Cheveu du diable. *Paris, Librairie Mame-Delaunay*, 1833 ; 2 vol. in-8, brochés (*couvert. imp.*)

Edition originale. Deux vignettes-frontispices de T. Johannot, imprimées sur papier de Chine.

35. MÊME OUVRAGE, même édition. 2 vol. in-8, demi-rel. veau, tr. jasp.

36. BERTRAND (Louis). Gaspard de la nuit. Fantaisie à la manière de Rembrandt et de Callot, par Louis Bertrand, précédée d'une notice par Sainte-Beuve. *Angers, imprimerie-librairie de Pavie. Paris, chez Labitte*, 1842 ; in-8 broché.

Edition originale, rare. Très bel exemplaire avec sa couverture imprimée et le prospectus de publication.

37. — Gaspard de la Nuit, fantaisie à la manière de Rembrandt et de Callot, par Louis Bertrand, nouvelle édition, augmentée de pièces en prose et en vers, tirées de journaux et recueils littéraires du temps, et précédée d'une introduction par Charles Asselineau. *Paris et Bruxelles*, 1868; pet. in-8, papier de Hollande, broché.

Frontispice de Rops.

38. BIBLIOTHÈQUE CHOISIE (De la): 7 vol. in-12, frontisp. et port.

Th. Gautier. Fortunio, 1840.— Janin. L'Ane mort, 1841.— De Latouche. Fragoletta, 1840, 2 vol.— Michel Raymond. Le Maçon, 1840 (exempl. sur pap. jonquille).— Poésies de Jean Reboul, de Nîmes, 1840.

39. BIGNON (A.). L'Echafaud, par A. Bignon. *Paris, Madame Charles Béchet*, 1832 ; in-8, broché, non coupé *(couvert. imp.)*

Edition originale.

40. BONNELLIER (Hippolyte), Calomnie. *Paris, Abel Ledoux*, 1833 ; in-8, broché.

Edition originale, ornée d'une vignette-frontispice de Jean Gigoux gravée sur bois et imprimée sur papier de Chine.

41. — La Plaque de Cheminée. *Paris, Abel Ledoux*, 1833 ; in-8, demi-rel., toile dorée, tr. jasp.

Edition originale ; vignette-frontispice gravée sur bois.

PETRUS BOREL

42. Rhapsodies,par Petrus Borel. *Paris,Levavasseur*, 1832 ; in-16, broché *(couvert. imp.)*

Edition originale ornée d'un frontispice à la manière noire et deux vignettes lithographiées.

43. Le même ouvrage, même édition ; in-16, front. et 2 vig., demi-rel. toile.

Les titre et faux-titre sont réimprimés.

44. Rapsodies, par Petrus Borel. *Bruxelles*, 1868 ; in-18, figures, broché.

45. Champavert, contes immoraux, par Petrus Borel, le lycanthrope. *Paris, Eugène Renduel*, 1833 ; in-8, cart. dos et coins maroq. grenat, tête dor., ébarbé.

Edition originale.

46. Champavert, contes immoraux par Petrus Borel, le lycanthrope, avec un fronstispice à l'eau-forte, par Adrien Aubry. *Bruxelles*, 1872; pet. in-8, broché.

47. L'Obélisque de Louqsor, pamphlet, par Petrus Borel. *Paris, chez les marchands de nouveautés*, 1836; in-8 de 16 pag., broché (*couvert. imp.*)

Edition originale d'une pièce fort rare. Sur le faux-titre, l'envoi suivant : *Le vil pamphletaire à son ami Philothée O'Neddy, vel Théophile Dondey.* PETRUS.

48. Robinson Crusoe, par Daniel de Foë, traduction de Pétrus Borel, enrichi de la vie de Daniel de Foë, par Philarète Chasles... orné de 250 gravures sur bois. *Paris*, 1836 ; 2 vol. in-8 bas., ornements à froid, tr. marb.

49. Madame Putiphar, par Petrus Borel (le Lycanthrope). *Paris, Ollivier*, 1839 ; 2 vol. in-8, brochés (*couvert. imp.*)

Edition originale, ornée de deux figures gravées sur bois et tirées sur papier de Chine.

Cachet de cabinet de lecture sur les faux-titres.

50. Madame Putiphar, par Petrus Borel, seconde édition conforme pour le texte et les vignetttes à l'édition de 1839, préface par Jules Claretie. *Paris, Willem*, 1877 ; 2 vol. in-8, brochés.

Exemplaire sur papier de Hollande. On y a ajouté la suite des huit gravures sur acier, de Michel Armajer, en deux états (noir sur Chine et bistre sur Hollande).

---

51. BRISSET. Le Mauvais œil, traduction dalmate, suivi d'une nouvelle française. *Paris, Urbain Canel*, 1833 ; in-8, broché, non coupé (*couvert. imp.*)

Edition originale.

52. BRIZEUX. Marie, poème, par Brizeux. *Paris, Paulin et Eugène Renduel*, 1836 ; in-8, demi-rel., veau fauve, ébarbé.

Seconde édition, la première de ce format ; bel exemplaire.

53. BRUGNOT (Charles). Poésies. *Dijon*, 1833 ; in-8, cart., non rogné, non coupé.

Edition originale ; titre et portrait lithographiés.

54. BURAT DE GURGY (E.). La Prima Donna et le Garçon boucher. *Paris, Hippolyte Souverain*, 1831 ; in-8, dos et coins, toile brune, ébarbé.

Edition originale.

55. — Paillasse, épisode de Carnaval, par E. Burat de Gurgy, auteur de la *Prima Donna*... *Paris, Jules Breauté*, 1832 ; in-8, broché.

56. — Deux modistes, par l'auteur de la *Prima Donna*. *Paris, Hippolyte Souverain*, 1835 ; in-8, broché.

Edition originale. Raccommodage au titre.

57. BYRON (Lord). Œuvres complètes de Lord Byron, traduites de l'anglais, quatrième édition entièrement revue et corrigée. *Paris, Ladvocat*, 1822-1824 ; 8 vol. in-8, brochés, non coupés (*couvert. imp.*)

Figures de Devéria.

58. CABANON (Emile). Un roman pour les Cuisinières, par Emile Cabanon. *Paris, Eugène Renduel*, 1834 ; in-8, broché (*couvert. imp.*)

Edition originale. Sans la vignette-frontispice.

59. Le même ouvrage, même édition : in-8, cart., non rogné.

Bel exemplaire; vignette-frontispice de Camille Rogier, gravée sur bois et imprimée sur papier de Chine.

60. CALIBAN, par deux ermites de Menilmontant, rentrés dans le monde, (par Pouyat et Ménétrier). *Paris, A.-J. Denain*, 1833 ; 2 vol. in-8, brochés (*couvert. imp.*)

Edition originale ; deux frontispices d'Alfred Albert, gravés à l'eau-forte et imprimés sur papier de Chine.

61. CANTAGREL. Le Fou du Palais-Royal. *Paris*, 1845 ; in-12, broché (*couvert. imp.*)

Deuxième édition entièrement revue. Envoi d'auteur sur le faux-titre.

62. CASSAGNAUX (Edouard). Le Pénitent, par Edouard Cassagnaux. *Amiens et Paris*, 1833 ; 2 vol. in-8, brochés (*couvert. imp.*)

Edition originale, deux frontispices imprimés sur papier de Chine.

63. CAVAIGNAC (Godefroy). Dubois Cardinal, proverbe historique.— Une tuerie de Cosaques. Scènes d'invasion, par Godefroy-Cavaignac (publié par Charles Lemesle). *Paris, Vve Charles Béchet*, 1831 ; in-8, broché (*couvert. imp.*)

Edition originale.

64. CENT ET UNE NOUVELLES (Les) nouvelles des cent-et-un, ornées de cent-et-une vignettes, dessinées et gravées par cent-et-un artistes. *Paris, Ladvocat*, 1833 ; 2 vol. gr. in-8, demi-rel. bas., non rognés.

65. CHAMPFLEURY. Chien-Caillou, fantaisies d'hiver. *Paris, Martinon*, 1847 ; in-12, broché (*couvert. imp.*)

Edition originale.

66. — Pauvre Trompette, fantaisies de printemps. *Paris, Sartorius*, 1847 ; in-12, broché (*couvert. imp.*)

Edition originale.

67. CHASLES (Philarète). La Fiancée de Bénarès, nuits indiennes. *Paris, Urbain Canel*, 1825; in-18, broché (*couvert. imp.*)

Edition originale ; couverture réparée.

68. — Caractères et paysages. *Paris, Mame-Delaunay*, 1833 ; in-8, broché (*couvert. imp.*)

Edition originale ; vignette-frontispice de T. Johannot, gravée sur bois.

69. CHAUDES-AIGUES (J.). Elisa de Rialto. *Paris, Urbain Canel*, 1834 ; in-8, demi-rel. chag. noir, tr. jasp.

Edition originale.

70. — Le Bord de la Coupe. *Paris, Ollivier*, 1835 ; in-16, broché (*couvert. imp.*)

Edition originale très rare ; frontispice de Célestin Nanteuil.

71. — Les écrivains modernes de la France. *Paris, Gosselin*, 1841 ; in-12, broché (*couvert. imp.*)

72. CONTES BRUNS, par une tête à l'envers (Balzac, Philarète Chasles et Charles Rabou). *Paris, Urbain Canel et Adolphe Guyot*, 1832 ; in-8, broché.

Edition originale.

73. CORDELLIER DELANOUE. Le Barbier de Louis XI, 1439-1483. *Paris, Madame Charles Béchet*, 1832 ; in-8, broché (*couvert. imp.*)

Edition originale ; vignette-frontispice de T. Johannot, gravée sur bois et répétée sur la couverture.

74. COUAILHAC (Louis). Les sept contes noirs. *Paris*, 1832 ; in-8, broché (*couvert. imp.*)

75. CRICRI ET SES MITRONS, petite parodie en vers et en cinq tableaux, d'une grande pièce en cinq actes et en prose, par Carmouche, Jouslin de la Salle et Dupeuty. *Paris*, *Quoy*, 1829 ; in-8, broché.

76. DAMNÉ (Le), (par E. de Lamerlière et Jenny Dufourquet). *Paris*, *Ponthieu*, 1824 ; 2 vol. in-12, demi-rel. toile brune, non rognés.

Seconde édition ; exemplaire unique imprimé sur grand papier vélin bistre.

77. DAVID (Jules). Le Meurtre racheté. *Paris*, *Pétion*, 1846 ; 2 vol. in-8, brochés (*couvert. imp.*)

Edition originale.

78. DAVIN (Félix). Le Crapaud, roman espagnol, 1823, par Félix Davin. *Paris*, *L. Mame-Delaunay*, *s. d.* (1832) ; 2 vol. in-8, vignette sur les titres, cart.

Edition originale ; cachets de cabinet de lecture sur les titres.

79. MÊME OUVRAGE, même édition : 2 vol. in-8, dos et coins toile verte, ébarbés.

Exemplaire contenant les couvertures, et au tome premier, une lettre autographe de Davin à Porret relative à la gravure des vignettes du livre.

80. — Les deux lignes parallèles ou frère et sœur, roman intime, *Paris*, *Mame-Delaunay*. 1833 ; in-8, broché.

Edition originale

81. — Une fille naturelle, règne de Henri II, 1556-1557, *Paris*, *librairie de Dumont*, 1836 ; 2 vol. in-8, broch. (*couvert. imp.*)

Edition originale.

82. DELAVIGNE (Casimir). Marino Faliero, représenté pour la première fois sur le théâtre de la Porte-Saint-Martin, le 30 mai 1829. *Paris, Ladvocat* 1829 ; in-8, broché (*couvert. imp.*)

Edition originale.

82. DELECLUZE (E. J.) Mademoiselle Justine de Liron et le Mécanicien roi, nouvelles, *Paris, Gosselin*, 1832 ; in-8, broché (*couvert. imp.*)

Edition originale.

84. — La Première communion, nouvelle, *Paris, Gosselin*, 1836 ; in-12, broché (*couvert. imp.*)

Edition originale avec une vignette-frontispice de T. Johannot, gravée sur bois et imprimée sur papier de Chine. Envoi d'auteur sur le faux-titre.

85. — Dona Olimpia, *Paris, Victor Magen*, 1842 ; 2 vol. in-8, brochés, non coupés (*couv. imp.*)

Edition originale.

86. DEPPING et Fr. MICHEL. Veland le forgeron. Dissertation sur une tradition du moyen-âge, avec les textes islandais, anglo-saxons, anglais, allemands et français-romans qui la concernent, par G. B. Depping et Francisque Michel. *Paris*, 1833 ; in-8, broché (*couvert. imp.*).

87. DESBORDES-VALMORE (Mme). Poésies. *Paris, François, Louis*, 1820 ; in-8, titre gravé, broché.

Edition originale.

88. — Les Pleurs, poésies nouvelles (avec une préface par Alexandre Dumas), *Paris, Charpentier* 1833 ; in-8, broché (*couvert. imp.*)

Edition originale. Titre gravé avec une vignette de T. Johannot.

89. — Pauvres fleurs, *Paris, Dumont*, 1839 ; in-8, broché (*couvert. imp.*)

Deuxième édition.

90. — Poésies, avec une préface par Sainte-Beuve, *Paris, Charpentier*, 1842 ; in-12, broché.

91. DESCHAMPS (Emile). Etudes françaises et étrangères, par Emile Deschamps. Quatrième édition, corrigée et augmentée de huit pièces nouvelles. *Paris, Levavasseur*, 1829 ; in-8, broché.

92. DIDIER (Charles). Campagne de Rome, *Paris, Labitte*, 1842 ; in-8, broché (*couvert. imp.*)

93. DONDEY (Théophile). Feu et flamme, par Philothée O'Neddy (Théophile Dondey). *Paris, Dondey-Dupré*, 1833 ; in-8, broché (*couvert. imp.*)

Edition originale fort rare. Exemplaire très frais, contenant le frontispice de Célestin Nanteuil.

On y a joint une lettre autographe de Philothée O'Neddy à Charles Asselineau.

94. DODECATON, ou le livre des Douze, *Paris, V. Magen*, 1837 ; 2 vol. in-8, brochés (*couvert. impr.*)

95. DOVALLE. Le Sylphe, Poésies de feu Ch. Dovalle, précédées d'une notice par Louvet, et d'une préface par Victor Hugo. *Paris, Ladvocat*, 1830 ; gr. in-8, demi-rel. veau vert, non rogné (*rel. de l'époque.*)

Edition originale ; bel exemplaire, relié avec sa couverture imprimée.

96. DROUINEAU (Gustave). Françoise de Rimini, drame en cinq actes et en vers, par Gustave Drouineau. *Paris, Timothée Dehay*, 1830 ; in-8, broché (*couvert. imp.*)

Edition originale.

97. DUCHÊNE (P.). Les Oréades, *Paris, Furne*, 1833; in-16, vignettes, broché *(couvert. imp.)*

Edition originale.

ALEXANDRE DUMAS

98. Henri III et sa cour; drame historique en cinq actes et en prose, par Alexandre Dumas. *Paris, Vezard et Cie*, 1829; in-8, broché *(couvert. imp.)*

Seconde édition.

99. Stockholm, Fontainebleau et Rome, trilogie dramatique sur la vie de Christine, cinq actes en vers, avec prologue et épilogue par Alex. Dumas. Représenté à Paris, sur le théâtre-royal de l'Odéon, le 30 mars 1830. *Paris. Barba*, 1830; in-8, broché. *(couvert. imp.)*

Edition originale, ornée d'une lithographie de Charlet d'après Raffet.

100. Antony, drame en cinq actes, en prose, par Alexandre Dumas. *Paris, Auffray*, 1831; in-8, broché *(couvert. imp.)*

Edition originale.

101. Térésa, drame en cinq actes et en prose, par Alex. Dumas. *Paris, Barba*, 1832; in-8, broché *(couvert. imp.)*

Edition originale.

102. Richard Darlington, drame en trois actes et en prose, précédé de la Maison du Docteur, prologue, par MM. Dinaux et Alexandre Dumas. *Paris, Barba*, 1832; in-8, broché *(couvert. imp.)*

Edition originale; couverture raccommodée.

103. Le Mari de la Veuve, comédie en un acte et en prose par M... (Alexandre Dumas) *Paris, Auffray*, 1832 ; in-8, broché (*couvert. imp.*)

Edition originale.

104. La Tour de Nesle, drame en cinq actes, et en neuf tableaux, MM. Gaillardet et *** (Alexandre Dumas). *Paris, Barba*, 1832 ; in-8, dos et coins toile grise.

Edition originale.

105. Angèle, drame en cinq actes, par Alexandre Dumas. *Paris, Charpentier*, 1834 ; in-8, broché (*couvert. imp.*)

Edition originale, ornée d'un frontispice de Célestin Nanteuil.

106. La Vénitienne, drame en cinq actes, par Anicet-Bourgeois, dédié à Alexandre Dumas. *Paris, Barba*, 1834 ; in-8, broché (*couvert. imp.*)

Edition originale : frontispice.

107. Souvenirs d'Antony, par Alexandre Dumas. *Paris, Dumont*, 1836; in-8, broché. (*couvert. imp.*)

La couverture porte : *seconde édition*.

108. Kean, comédie en cinq actes par Alexandre Dumas. *Paris, Barba*, 1836 ; in-8, broché (*couvert. imp.*)

Edition originale ; bel exemplaire.

109. Piquillo, opéra-comique en trois actes, par Alexandre Dumas, musique de H. Monpac. *Paris, Marchant*, 1837 : in-8, broché (*couvert. imp.*)

dition originale..

110. Mademoiselle de Belle-Isle, drame en cinq actes, en prose, par Alexandre Dumas. *Paris, Dumont*, 1839 : in-8. broché.

Edition originale.

111. L'Alchimiste, drame en cinq actes, en vers, par Alexandre Dumas. *Paris, Dumont*, 1839 ; in-8, broché *(couvert. imp.)*

Edition originale.

112. Théâtre d'Alex. Dumas, œuvres nouvelles : Paul Jones. — l'Alchimiste, drame en prose et en vers. *Paris, Passard* 1846 ; in-8, broché *(couvert. imp.)*

113. Le Gentilhomme de la Montagne, drame en cinq actes et huit tableaux par Alexandre Dumas. *Paris, Michel Lévy fr.*, 1860 : in-12, broché *(couvert. imp.)*.

Edition originale.

---

114. EMERAUDE (L'), morceaux choisis de littérature moderne. *Paris, Urbain Canel*, 1832 ; in-16, portrait, demi-rel. veau bleu.

Edition originale.

115. EMOTIONS, scènes de la vie intime, (par Roger de Beauvoir, Davin, Berthoud, F. Soulié et autres), *Paris, librairie de Louis Janet, s. d.*; in-16, broché.

Edition originale.

116. ESQUIROS (Alphonse). Le Magicien. *Paris, Desessart et Cie* 1836 ; 2 vol. in-8, brochés *(couvert. imp.)*

Edition originale.

117. — Les chants du prisonnier. *Paris, Challamel*, 1841 ; in-16, broché *(couvert. imp.)*

Edition originale.

118. FARCY. J. G. Farcy reliquiæ. *Paris, librairie Hachette, 29 juillet 1831* ; in-16, broché *(couvert. imp.)*

Edition originale. Portrait de l'auteur, lithographie de A. Colin.

119. FAVRE (Jules). Anathème, *Paris, Louis Babeuf*, 1834 : in-8, broché (*couvert. imp.*)

Edition originale.

120. FERRIERE (Théophile de). Les Contes de Samuel Bach (Il Vivere), deuxième édition. *Paris*, 1836 ; in-8, broché (*couvert. imp.*)

121. FLOCON (Ferdinand). Distraction. *Paris, Lecointe et Pougin*, 1833 : 2 vol. in-8, 2 vignettes gr. s. bois, brochés.

122. FOA (Me Eugénie). La Laide, par Mme Eugénie Foa. *Paris, Ch. Vimont*, 1832 : in-8, dos et coins toile bleue, tr. jasp.

Edition originale.

123. FOUCHER (Paul). Saynètes, *Paris, Charles Lemesle, éditeur*, 1832 ; in-8, vignette de T. Johannot sur le titre, broché.

124. FOUINET (Ernest). La Strega, par Ernest Fouinet, l'un des collaborateurs des Cent-et-un. *Paris, Silvestre* 1832 : 2 vol. in-8, brochés (*couvert. imp.*)

Edition originale. Deux vignettes de Jean Gigoux, gravées sur bois, répétées sur le titre et la couverture.

125. — Le Village sous les sables, deuxième édition. *Paris, Masson et Duprey*, 1841 : 2 vol. in-8, demi-rel.

126. FREMY (Arnould). Les deux Anges. *Paris, Gosselin*, 1833 ; 2 vol. in-8, brochés (*couvert. imp.*)

Edition originale ; couvertures doublées.

THÉOPHILE GAUTIER

127. Poésies de Théophile Gautier. *Paris, Ch. Mary*, 1830 ; in-12, demi-rel. maroq. bleu, doré en tête, non rogné.

Edition originale, rare.

128. Albertus, ou l'âme et le Péché, légende théologique, par Théophile Gautier. *Paris, Paulin*, 1833 ; in-12, demi-rel, mar. r., tr. jaspée.

Edition originale, rare, ornée d'un frontispice de Célestin Nanteuil, gravé à l'eau-forte et tiré sur papier de Chine.

129. Les Jeunes France, romans goguenards, par Théophile Gautier. *Paris, Eugène Renduel*, 1833 ; in-8, dos et coins mar. rose, tête dor.

Edition originale ornée d'un frontispice de Célestin Nanteuil, gravé à l'eau-forte et tiré sur papier de Chine. Exemplaire grand de marges, avec témoins.

Les titre et faux-titre sont réimprimés.

130. Les Jeunes France, romans goguenards, par Théophile Gautier. Frontispice dessiné et gravé par Félicien Rops. *Amsterdam*, 1866 ; in-12, pap. de Holl. dos et coins, mar. r., tête dor., non rogné.

Frontispice en deux états sur papier de Chine (noir et bistre.)

131. Mademoiselle de Maupin, double amour, par Théophile Gautier. *Paris, Eugène Renduel*, 1836 ; 2 vol. in-8, en feuilles, non rognés.

Edition originale très rare. Les titres et faux-titres sont réimprimés.

132. Mademoiselle de Maupin, par Théophile Gautier, nouvelle édition revue et corrigée. *Paris, Charpentier*, 1851 ; in-12, broché (*couvert. imp.*)

133. La Comédie de la mort, par Théophile Gautier. *Paris, Desessart*, 1838 ; gr. in-8, front. de L. Boulanger, gravé par Coste, dos et coins mar. noir, tête dor, non rogné (*couvert. imp.*)

Edition originale ; petits raccommodages au titre et au faux-titre ; couverture doublée.

134. Une larme du Diable, par Théophile Gautier. *Paris, Desessart*, 1839 ; in-8, broché (*couvert. imp.*)

Seconde édition.

135. Giselle ou les Wilis, ballet fantastique en deux actes, par de Saint-Georges, Théophile Gautier et Coraly, musique d'Adolphe Adam. *Paris, Ve Jonas*, 1841 ; in-8, de 19 pages, broché (*couvert. imp.*)

Edition originale.

136. Fortunio ou l'Eldorado, par Théophile Gautier. *Paris, Desessart*, 1842 ; in-8, cart., non rogné.

137. Tra los montes, par Théophile Gautier. *Paris, Victor Magen*, 1843; 2 vol. in-8, en feuilles, non rognés.

Edition originale. Bel exemplaire préparé pour la reliure.

138. Même ouvrage, même édition ; 2 vol. in-8, dem.-rel. toile verte.

139. La Péri, ballet fantastique en deux actes par Théophile Gautier et Coralli, musique de Burgmuller. *Paris, Ve Jonas*, 1843 ; gr. in-8 de 15 pages, broché (*couvert. imp.*)

Edition originale, rare.

140. Un voyage en Espagne, vaudeville en trois actes, par Théophile Gautier et Paul Siraudin. *Paris, Detroux*, 1843 ; gr. in-8, à 2 col. broché (*couvert. imp.*)

Edition originale. Du *Répertoire dramatique des auteurs contemporains.*

141. Les Grotesques, par Théophile Gautier. *Paris, Desessart,* 1844; 2 vol. in-8, brochés, non coupés.

Edition originale. Très bel exemplaire avec ses couvertures imprimées.

142. Zigzags, par Théophile Gautier. *Paris, Victor Magen,* 1845; in-8, broché (*couvert. imp.*)

Edition originale.

143. Le Tricorne enchanté, bastonnade en un acte et en vers, mêlée d'un couplet, par Théophile Gautier et Siraudin. *Paris, s. d.* (1845); gr. in-8 de 14 pag., broché (*couvert. imp.*)

Edition originale, extrait du *Magasin théâtral.*

144. Militona, par Théophile Gautier. *Paris, Desessart,* 1847; in-8, broché (*couvert. imp.*)

Edition originale.

145. Salon de 1847; par Théophile Gautier. *Paris, Hetzel,* 1847; in-32, broché (*couvert. imp.*)

Edition originale.

146. Les Roués innnocents, par Théophile Gautier. *Paris, Desessart,* 1847; in-8, dos et coins toile bleue, non rogné.

Edition originale. Exemplaire ayant besoin d'être lavé.

147. Jean et Jeannette, par Théophile Gautier. *Paris, Baudry, s. d.*; 2 vol. in-8, cart., non rognés.

Edition originale.

148. Théophile Gautier. Les Roués innocents. *Paris, librairie nouvelle,* 1853; in-16, broché.

149. Le Selam (scènes d'Orient). Symphonie descriptive en cinq tableaux, poésie de Théophile Gautier, musique d'Ernest Reyer. *Paris*, 1850 ; in-8, de 12 pag. broché (*couverture imp.*)

Edition originale.

150. Théophile Gautier. Œuvres humoristiques. *Paris, Victor Lecou*, 1851. — Un trio de romans. *Id. Id.* 1852. — Caprices et zigzags. *Id. Id.* 1852. — Italia, *Id. Id.* 1852. Ensemble 4 vol. in 12, brochés.

151. Théophile Gautier. La Peau du Tigre. *Paris, Hippolyte Souverain*, 1852 ; 3 vol. in-8, cart., non rognés.

Edition originale. Cachets de cabinet de lecture sur les titres. Exemplaire ayant besoin d'être lavé.

152. Emaux et Camées, par Théophile Gautier. *Paris, Eugène Didier*, 1852 ; in-16, broché (*couvert. imp.*)

Edition originale.

153. Le même ouvrage. *Paris, Didier*, 1853 ; in-16, broché, non coupé (*couvert. imp.*)

Seconde édition, revue et augmentée.

154. Théophile Gautier. Emaux et Camées. *Paris, Poulet Malassis et De Broise*, 1858 ; in-12, broché (*couvert. imp.*)

Frontispice gravé à l'eau-forte par Théron.

155. Emaux et camées. par Théophile Gautier. *Paris, Charpentier*, 1872 ; in-12, broché (*Couvert. imp.*)

Edition définitive, eau-forte de Jules Jacquemart.

156. Théophile Gautier. Celle-ci et Celle-là. *Paris, Eugène Didier*, 1853 ; in-16, broché, non coupé (*couvert. imp.*)

Edition originale.

157. Constantinople, par Théophile Gautier. *Paris, Michel Lévy fr.*, 1853 ; in-12, broché (*couvert. imp.*)

Edition originale.

158. Théophile Gautier. Théâtre de poche. *Paris, librairie nouvelle*, 1855 ; in-12, broché (*couvert. imp.*)

159. Théophile Gautier. Les Beaux-Arts en Europe. *Paris, Michel Lévy fr.* 1855-1856 ; 2 vol. — L'art moderne. *Id. Id.* 1856. Ensemble 3 vol. in-12, brochés (*couverture imp.*)

Editions originales.

160. Jettatura, par Théophile Gautier. *Paris, Michel Lévy frères*, 1857 ; in-16, broché (*couvert. imp.*)

Edition originale.

161. Avatar, par Théophile Gautier. *Paris, Michel Lévy frères*, 1857 ; in-16, broché (*couvert. imp.*)

Edition originale.

162. Le Roman de la Momie, par Théophile Gautier. *Paris, Hachette*, 1858 ; in-12, broché (*couvert. imp.*)

Edition originale.

163. Sacountala, ballet pantomime en deux actes, tiré du drame indien de Calidasa. Livret de Théophile Gautier. Musique de Reyer. *Paris, Vve Jonas*, 1858 ; in-8, de 16 pages broché (*couver. imp.*)

Edition originale.

164. De la mode, par Théophile Gautier. *Paris, Poulet Malassis et De Broise*, 1858 ; in-32, pap. de Holl. broché.

Edition originale très rare, imprimée à trente exemplaires.

165. Théophile Gautier. Histoire de l'art dramatique en France depuis vingt-cinq ans. *Paris, édition Hetzel*, 1858-1859 ; 6 vol. in-12, brochés (*couvert. imp.*)

Edition originale.

166. Abécédaire du Salon de 1861, par Théophile Gautier. *Paris, Dentu*, 1861 ; in-12, broché (*couvert. imp.*)

Edition originale.

167. Le Capitaine Fracasse, par Théophile Gautier. *Paris, Charpentier*, 1863 ; 2 vol. in-12, brochés (*couverture imp.*)

Edition originale, le titre du premier volume manque.

168. Théophile Gautier. Loin de Paris. *Paris, Michel Lévy frères*, 1865. — Quand on voyage. *Id. Id.* 1865. — La Belle Jenny, *Id. Id.* 1865. — La Peau du Tigre. *Id. Id.* 1866. Ensemble 4 vol. in-12, brochés (*couvert. imp.*)

169. Le Palais pompéien de l'avenue Montaigne, études sur la maison gréco-romaine, ancienne résidence du Prince Napoléon, par Théophile Gautier, Arsène Houssaye, Charles Coligny. *Paris, au Palais Pompéien, s. d.* (1866) ; gr. in-8, broché.

Exemplaire contenant la grande planche gravée par Laguillermy d'après Flameng.

170. Théophile Gautier. Ménagerie intime. *Paris, Lemerre*, 1869 ; in-12, broché (*couvert. imp.*)

Edition originale.

171. Poésies de Th. Gautier qui ne figureront pas dans ses œuvres, précédées d'une autobiographie. *France, imprimerie particulière*, 1873 ; in-8, pap. de Holl., broché.

Portrait et une planche de musique imprimés sur papier de Chine.

172. Théophile Gautier. Histoire du romantisme, suivie de notices romantiques et d'une étude sur la poésie française, 1830-1868, avec un index alphabétique. *Paris, Charpentier,* et Cie 1874 ; in-12, broché (*couvert. imp.*)

Papier de Hollande.

173. Théophile Gautier. Portraits contemporains, littérateurs, peintres, sculpteurs, artistes dramatiques, avec un portrait de Théophile Gautier, d'après une gravure à l'eau-forte par lui-même vers 1833 . *Paris, Charpentier et Cie*, 1874 : in-12, broché, non coupé (*couvert. imp.*)

Papier de Hollande, Portrait en deux états.

174. Théophile Gautier. L'Orient. *Paris, G. Charpentier*, 1877 : 2 vol. in-12, brochés, non coupés (*couvert. imp.*)

Papier de Hollande.

175. Fusains et eaux-fortes, par Théophile Gautier. *Paris, G. Charpentier*, 1880 ; in-12, broché, non coupé (*couvert. imp.*)

Papier de Hollande.

176. Théophile Gautier. Guide de l'amateur au Musée du Louvre, suivi de la vie et les œuvres de quelques peintres. *Paris, G. Charpentier*, 1882 ; in-12, broché, non coupé, (*couvert. imp.*)

Papier de Hollande.

177. Théophile Gautier. Souvenirs de théâtre, d'art et de critique. *Paris, G. Charpentier*, 1883 ; in-12, broché, non coupé (*couv. imp.*)

Papier de Hollande.

178. Théophile Gautier. *Paris, Charpentier*, 1845-1881 ; 12 vol. in-12, brochés (*couvert. imp.*)

Editions originales ou premières éditions collectives :
Nouvelles, 1845. — Poésies complètes, 1845. — Romans et contes, 1863. — Voyage en Russie, 1867 ; 2 vol. (les couvertures sont datées de 1866.) — Voyage en Espagne, 1845 (couvert. datée de 1855). — Spirite, nouvelle fantastique, 1866 (couverture datée de 1865). — Tableaux de siège, 1871. — Théâtre, 1872. — Fusains et eaux-fortes, 1880. — Tableaux à la plume, 1880. — Les vacances du lundi, 1881.

---

179. GÉRARD DE NERVAL. Etudes sur les poètes allemands par Gérard (de Nerval) *Paris, Méquignon-Havard*, 1830 : in-16, broché.

Edition originale.

180. — Scenes de la vie orientale, *Paris, Hippolyte Souverain*, 1851 : 2 vol. in-8, cart.

Edition originale.

181. — Voyage en Orient, troisième édition, revue, corrigée et augmentée. *Paris, Charpentier*, 1851 : 2 vol. — Lorely, souvenirs d'Allemagne. *Paris, Giraud*, 1853. Ensemble 3 vol, in-12, brochés.

182. — Les filles de feu, nouvelles. *Paris, Giraud*, 1854 : in-12, broché (*couvert. imp.*)

Edition originale.

183. — Le Rève et la vie. *Paris, Lecou*, 1855 : in-12, broché (*couvert. imp.*)

Edition originale.

184. GIRARDIN (Madame Emile de). Le Lorgnon. *Paris, Levavasseur et Gosselin*, 1832 ; in-8, dos et coins toile brune, non rogné.

Edition originale ; sur le titre vignette de Gavarni. Racommodages.

185. GIRARDIN (Mme Emile de) La Canne de M. de Balzac, *Paris*, *Dumont*, 1836 ; in-8, dos et coins toile verte.

Edition originale. Titre raccommodé.

186. — Salons célèbres, par Madame Sophie Gay. *Paris*, *Dumont*, 1837 : in-8, broché.

Edition originale.

187. — Même ouvrage, même édition, in-8, broché (*couv. imp.*)

Couverture doublée et raccommodée.

188. — Croix de Berny (La), par le Vicomte Charles de Launay, (Madame Emile de Girardin, Théophile Gautier, Jules Sandeau, Méry). *Paris*, *Pétion*, 1846 : 2 vol. in-8, dos et coins toile brune, non rognés.

Fort rare ; les titres et faux-titres sont réimprimés.

189. GOZLAN (Léon) Les Tourelles, histoire des châteaux de France. *Paris*, *Dumont*, 1839. 2 vol. in-8, brochés (*couvert. imp.*)

Edition originale.

190. GRANIER DE CASSAGNAC. Danaë. *Paris*, *Delloye*, 1840 : in-8, broché, non coupé (*couvert. imp.*)

Edition originale.

191. HEINE (Henri). Œuvres. *Paris*, *Eugène Renduel*, 1834-1835 : 5 vol. in-8, brochés, non coupés. (*couvert. imp.*)

De la France, 1 vol. — Reisebilder. Tableaux de voyage, 2 vol. — De l'Allemagne, 2 vol.

192. — Lutèce, lettres sur la vie politique, artistique et sociale de la France, *Paris*, *Michel Lévy fr.* 1855 : in-12, broché (*couvert. imp.*)

193. HOUSSAYE (Arsène). Poésies d'Arsène Houssaye, les sentiers perdus, seconde édition. *Paris, Masgana*, 1842. — La couronne de bleuets, par le même. *Paris, Dentu*, 1880 : ens. 2 vol. in-12, brochés.

VICTOR HUGO

194. Buonaparte, ode, par Victor M. Hugo. *Paris, Pélicier*. 1822 ; brochure in-8, de 8 pag.

Edition originale très rare.

195. Han d'Islande. *Paris, Persan*, 1823 ; 4 vol, in-12 dos et coins toile rouge, ébarbés.

Edition originale.

196. Odes et ballades, par Victor Hugo. *Paris, Ladvocat*, 1826 : in-18, front. de Devéria, broché.

Edition originale.

197. Cromwel, drame, par Victor Hugo, *Paris, Ambroise Dupont et Cie*, 1828 ; in-8, broché (*couvert. imp.*)

Edition originale; couverture un peu défraichie.

198. Bug Jargal, par Victor Hugo. Quatrième édition. *Paris, Gosselin et Bossange*, 1829 ; 4 vol. in-12, demi-rel. toile rouge.

Première édition complète publiée en 4 vol. ; elle contient des développements qui ne se trouvent pas dans les éditions précédentes.

199. Le Dernier jour d'un condamné. *Paris, Charles Gosselin et Hector Bossange*, 1829 ; in-12, fac-simile, broché (*couvert. imp.*)

Edition parue la même année que l'édition originale in-8.

200. Même ouvrage, même édition, in-12, dos et coins toile rouge, ébarbé.

201. Hernani, ou l'honneur castillan, drame, par Victor Hugo, deuxième édition. *Paris, Barba*, 1830 ; in-8, broché.

La couverture porte : *troisième édition.*

202. Harnali, ou la contrainte par cor, parodie en cinq tableaux et en vers, par Auguste de Lauzanne. *Paris, Bezou*, 1830 ; in-8, broché.

Edition originale.

203. Notre-Dame de Paris, sixième édition. *Paris, Gosselin* 1831 ; 4 vol. in-12, dos et coins toile rouge, tr. marb.

Quatre vignettes de Th. Johannot, une sur chaque titre.
Edition rare, parue la même année que l'édition originale en 2 vol. in-8.

204. Les Feuilles d'Automne, par Victor Hugo. *Paris, Eugène Renduel*, 1832 ; in-8, broché *(couvert. imp.)*

Seconde édition ; frontispice avec vignette de T. Johannot, gravée sur bois.

205. Œuvres de Victor Hugo, drames, V. Lucrèce Borgia. *Paris, Renduel*, 1833 ; in-8, dos et coins toile rouge, tr. marb.

Quatrième édition ; frontispice de Célestin Nanteuil.

206. Œuvres de Victor Hugo, VI. Marie Tudor, *Paris, Eugène Renduel*. 1833 ; in-8, dos et coins toile brune, non rogné.

Quatrième édition. Beau frontispice de Célestin Nanteuil.

207. Victor Hugo. Etude sur Mirabeau. *Paris, Adolphe Guyot et Urbain Canel*, 1834 : in-8, broché, non coupé. *(couvert. imp.)*.

Edition originale.

208. Claude Gueux, par Victor Hugo. *Paris, Everat*, 1834 ; brochure in-8 (*couvert. imp.*)

Édition orignale très rare.

209. Ruy Brac, tourte en cinq boulettes, avec assaisonnement de gros sel, de vers et de couplets, par Maxime de Redon. *Paris*, 1839 ; gr. in-8 à 2 col., broché (*couverture imprimée.*)

Edition originale. De *la France dramatique au dix-neuvième siècle.*

210. Œuvres complètes de Victor Hugo. Poésie. VII. Les Rayons et les Ombres. *Paris, Delloye*, 1840 ; in-8, dos et coins toile bleue, non rog. (*couvert. imp.*)

Edition originale ; la marge du premier plat de la couverture manque.

211. Le Retour de l'Empereur, suivi de Lui. — Bounaberdi (orientale), — Première ode à la colonne. — Souvenir d'enfance. — Deuxième ode à la colonne, etc. etc. *Paris, Furne et Cie et Delloye, s. d.* (1841) ; in-16, broché.

Recueil des pièces bonapartistes de Victor Hugo.

212. Œuvres de Victor Hugo, nouvelle édition ornée de 34 vignettes gravées sur acier, d'après les compositions de Raffet, Tony Johannot, Colin, Louis Boulanger, etc. *Paris, Furne et Cie*, 1841-1846 ; 16 vol. gr. in-8, fig., brochés, non coupés (*couvert. imp.*)

Odes et Ballades, les Orientales, 2 vol. — Les Feuilles d'automne, les chants du Crépuscule. 1 vol. — Les Voix intérieures, les Rayons et les ombres, 1 vol. — Notre-Dame de Paris, 2 vol. — Théâtre, 4 vol. — Han d'Islande, 1 vol. — Bug Jargal, le dernier jour d'un condamné, 1 vol. — Littérature et philosophie mêlées, 1 vol. — Le Rhin, 3 vol. — Le titre du tome VI, 2e vol. de Notre-Dame de Paris, est réimprimé et porte la date de 1850.

213. Les Orientales, par Victor Hugo, nouvelle édition. *Paris, Michaud*, 1843 ; in-8, broché, (*couvert. imp.*)

Figure de Colin.

214. Les Burgraves, trilogie, par Victor Hugo, *Paris, Michaud*, 1843 ; in-8, broché, (*couvert. imp.*)

Edition originale ; couverture doublée.

215. Révision de la Constitution. Discours de Michel de Bourges et de Victor Hugo. *Paris, librairie nouvelle*, 1851 ; in-8, broché, non coupé (*couvert. imp.*)

Edition originale.

216. Victor Hugo. Douze discours. La Famille Bonaparte. — La Peine de mort. — La Misère. — Congrès de la Paix, etc. etc. *Paris, Librairie nouvelle*, 1851 ; in-8, broché, (*couvert. imp.*)

Première édition collective des discours prononcés par Victor Hugo de 1847 à 1850.

217. Victor Hugo. Le Beau Pecopin et la Belle Bauldour. *Paris, Lecou et Blanchard*, 1855 ; in-16, broché (*couvert. imp.*)

218. Les Contemplations, par Victor Hugo. *Paris, Pagnerre*, 1856 ; 2 vol. in-8, brochés, (*couvert. imp.*)

Edition originale.

219. La Légende des siècles, par Victor Hugo, première série. *Paris, Michel Lévy frères*, 1859 ; 2 vol. in-8, brochés (*couvert. imp.*)

Edition originale.

220. William Shakespeare. *Paris, librairie internationale*, 1864 ; in-8, broché (*couvert. imp.*)

Edition originale.

221. Les Chansons des rues et des bois. *Paris, Librairie internationale*, 1866 ; in-8, broché.

Deuxième édition.

222. Victor Hugo. Mes fils, *Paris, Michel Lévy frères*, 1874 ; in-8 de 48 pages, broché (*couvert. imp.*)

Edition originale.

223. Victor Hugo. Pour un Soldat, *Paris, Michel Lévy fr.* 1875 : brochure in-8 de 13 pages (*couvert. imp.*)

Edition originale.

JULES JANIN

224. L'Ane mort et la femme guillotinée. *Paris, Baudouin*, 1829 ; 2 vol. in-12, demi-rel., toile dorée.

Édition originale ; deux vignettes de Porret d'après Devéria sur les titres et une gravure de Couché fils entre les pages 18-19 du premier volume. Cette figure, qui fait bien partie de l'édition, n'est signalée ni par Asselineau ni par Champfleury.

225. Même livre, même édition, 2 vol. in-12, dos et coins toile brune, ébarbés (*couvert. imp.*)

Le titre et le faux-titre du premier volume sont réimprimés.

226. L'Ane mort et la femme guillotinée. *Paris, Delangle frères*, 1830 ; in-16, dos et coins mar. vert, non rogné. (*Koehler*).

Seconde édition.

227. Le Prince Royal, par Jules Janin. *Paris, Ernest Bourdin, s. d.*; in-16, broché (*couvert. imp.*)

Édition originale ornée d'un portrait, lithographie de Charlet sur papier de Chine.

228. La Confession, par l'auteur de l'Ane mort et la femme guillotinée. *Paris, Mesnier*, 1830 ; 2 vol. in-12, brochés (*couvert. imp*.)

Édition originale ; figure d'Alfred Johannot gravée à l'eau-forte et imprimée sur papier de Chine.

229. Barnave, par Jules Janin. *Paris, Levavasseur*, 1831 ; 4 vol. in-12, brochés (*couvert. imp.*)

Seconde édition.

230. Deburau. Histoire du théâtre à quatre sous, pour faire suite à l'histoire du Théâtre Français. *Paris, Gosselin*, 1832 ; 2 tom. en un vol. in-12, front. et titre gravés sur bois, dos et coins maroq. rouge, tête dor., non rog. (*Trautz-Bauzonnet*.)

Seconde édition ; joli exemplaire contenant les deux cartons signalés par Asselineau.

231. Contes fantastiques et contes littéraires, par Jules Janin. *Paris*, 1832 ; 4 vol. in-12, cart. non rognés.

232. Jules Janin. Le Chemin de traverse. *Paris, Amb. Dupont*, 1837 ; 2 vol. — L'Ane mort et la femme guillotinée. *Id., id.*, 1838 ; 1 vol. Ens. 3 vol in-8, brochés.

233. Le Gâteau des Rois, symphonie fantastique, par M. Jules Janin. *Paris, Amyot*, 1847 ; in-12, broché, non coupé (*couvert. imp.*)

dition originale.

234. La Religieuse de Toulouse, par Jules Janin. *Paris, Michel Lévy fr.*, 1850 ; 2 vol. in-8, brochés (*couvert. imp.*)

Édition originale.

235. La fin d'un monde et le neveu de Rameau, par Jules Janin. *Paris, Hetzel*, 1861 ; in-12, broché (*couvert. imp.*)

236. KARR (Alphonse). Sous les tilleuls. *Paris, Charles Gosselin, août 1832* ; 2 vol. in-8, brochés (*couvert. imp.*)

Seconde édition; deux vignettes de Johannot, imprimées sur papier de Chine.

237. — Einerley, *Paris, Hippolyte Souverain*, 1838 ; 2 vol. in-8, brochés, non coupés.

Edition originale.

238. — La Famille Alain. *Paris, Baudry*, 1848 ; 3 vol. in-8, brochés (*couvert. imp.*)

Edition originale.

239. — 3 vol. in-12 et un vol. in-16, brochés (*couvert. imp.*)

Editions originales : Midi à quatorze heures. *Lange, Lévy*, 1842 ; in-16. — Les Femmes. *Michel Lévy*, 1853. — Une poignée de vérités, *Didier*, 1853. — En fumant, *id.* 1861. — L'art d'être malheureux. *Calmann Lévy*, 1876.

240. — 4 vol. in-12 brochés (*couvert. imp.*)

Contes et nouvelles. *Victor Lecou*, 1852. — La Pénélope normande, *id.* 1866. — Histoire de Rose et de Jean Duchemin, *id.* 1869. — La main du Diable, *Michel Lévy, fr.* 1855 ; in-16.

241. KERNOC (Mme Augusta). Le Mousse. *Paris, Roret*, 1833 ; in-8, broché (*couvert. imp.*)

Edition originale.

242. LABENSKI (Xavier). Empédocle, vision poétique, suivie d'autres poésies, par Jean Polonius. *Paris, Aimé André*, 1829 ; in-16, broché (*couvert. imp.*)

Edition originale.

243. LACROIX (Jules). Une grossesse, deuxième édition. *Paris, Eugène Renduel*, 1833 ; in-8, demi-rel. toile, non rogné.

Vignette-frontispice de Jean Gigoux.

244. — Corps sans âme. *Paris, Renduel*, 1834 ; 2 vol. in-8, brochés.

Seconde édition ; couvertures imprimées portant la date de 1838.

245. — Une fleur à vendre, *Paris, Renduel*, 1835 ; 2 vol. in-8, brochés (*couvert. imp.*)

Edition originale, bel exemplaire.

246. — Le Roi des Ribauds, histoire du temps de Louis XII, par P. L. Jacob, bibliophile. *Paris, Eugène Renduel*, 1831 ; 2 vol. in-8, dos et coins maroq. r., tête dor., non rog. (*Amand*).

Seconde édition ; bel exemplaire ; frontispice au premier volume.

247. LACROIX (Paul). Les deux fous, histoire du temps de François Ier (1524), précédée d'un essai sur les fous des rois de France, par Paul L. Jacob, bibliophile. *Paris, Delloye et Lecou*, 1837 ; 2 vol. in-8, brochés (*couvert. imp.*)

Edition originale.

248. — La Chambre des poisons, histoire du temps de Louis XIV (1712), par Paul L. Jacob, bibliophile, *Paris, Victor Magen*, 1839 ; 2 vol. in-8, brochés (*couvert. imp.*)

Edition originale.

249. LAMARTINE. Les Confidences, par A. de Lamartine. *Paris, Perrotin*, 1849 ; in-8, broché, non coupé (*couvert. imp.*)

Edition originale.

250.— Œuvres de M. de Lamartine, membre de l'Académie française, *Paris, Gosselin et Furne*, 1832; 4 vol. gr. in-8. brochés (*couvert. imp.*)

251. LASSAILLY. Poésie sur la mortdu fils de Bonaparte, par Lassailly. *Paris, Renduel*, 1832 ; brochure in-8 de 15 pages (*couvert. imp.*)

Edition originale très rare.

252. — Les Roueries de Trialph, notre contemporain avant son suicide. *Paris, Silvestre*, 1833 ; in-8, broché (*couvert. imp.*).

Edition originale. Très bel exemplaire d'un romantique très recherché et fort rare.

253. LATOUCHE (H. de). La Reine d'Espagne, drame en cinq actes, représenté une seule fois sur le Théâtre français. *Paris, Levavasseur*, 1831 ; in-8, frontispice, broché (*couvert. imp.*)

254. — Vallée aux loups. Souvenirs et fantaisies, *Paris, Levavasseur*, 1833 ; in-8, broché (*couvert. imp.*)

Seconde édition.

255. — France et Marie. *Paris, Victor Magen*, 1836 ; 2 vol. in-8, brochés (*couvert. imp.*)

Edition originale.

256. — Adrienne. *Paris, Recoules*, 1845 ; in-8, broché (*couvert. imp.*)

Edition originale. Mouillures.

257. LATOUR (A. de). La Vie intime, poésies. *Paris, H. Fournier jeune*, 1833 ; in-8, broché (*couvert. imp.*)

Edition originale ; vignette sur le titre, répétée sur la couverture.

258. LEBASSU (Mme Joséphine). La St-Simonienne. *Paris, L. Tenré*, 1833; in-8, broché.

Edition originale, ornée d'une vignette-frontispice imprimée sur papier de Chine.

259. LEBRAS (A.). Les Armoricaines, par A. Lebras. *Paris, Bréauté*, 1830; in-16, broché (*couvert. imp.*)

Edition originale.

260. LENDEMAIN DU DERNIER JOUR (Le) d'un condamné. *Paris et Genève*, 1829 ; in-12, cart., non rog.

261. LESPÈS (Léo). Histoires roses et noires, par Léo Lespès. *Paris*, 1842; in-32, broché (*couvert. imp.*)

Edition originale du premier et du plus rare des ouvrages de *Léo Lespès, Timothée Trim*, du *Petit Journal*.

262. MALLEFILLE (Félicien). Les sept infans de Lara. *Paris, Hippolyte Souverain*, 1836; in-8, broché, non coupé (*couvert. imp.*)

Edition originale; envoi d'auteur sur le faux-titre.

263. — Le Collier. *Paris, Garnier frères*, 1845; in-8, broché (*couvert. imp.*)

Edition originale; envoi d'auteur sur le faux-titre.

264. MARIN (Scipion). Histoire de la vie et des ouvrages de Châteaubriand, considéré comme poète, voyageur et homme d'état, avec l'analyse de ses ouvrages. *Paris, Vimont*, 1832; 2 vol. in-8, brochés (*couvert. imp.*).

Deuxième édition; deux vignettes de T. Johannot, répétées sur le titre et la couverture.

265. MARTIN (Henry). La Vieille Fronde (1648). *Paris; Vve Charles Béchet*, 1832; in-8, broché.

Edition originale. Bel exemplaire avec la couverture imprimée. Vignette de T. Johannot, gravée sur bois, répétée sur le titre et la couverture.

266. MASSON (Michel). Daniel le lapidaire ou les contes de l'atelier, par Michel Raymond (Michel Masson). *Paris, Levavasseur*, 1832 ; 2 vol. in-8, brochés (*couvert. imp.*)

Edition originale. Piqûres dans le papier.

267. MASSON (Michel). Daniel le lapidaire, ou les contes de l'atelier, par Michel Raymond (Michel Masson). *Paris, Levavasseur*, 1832-1833; 4 vol. in-8, veau bleu (*rel. molle.*)

Edition originale ; cachet de la bibliothèq du duc d'Orléans.

268. — Les Intimes, par Michel Raymond. *Paris, Eugène Renduel*, 1831 ; 2 vol. in-8, brochés (*couvert. imp.*)

Seconde édition. Deux vignettes de T. Johannot, répétées sur le titre et la couverture.

269. MASSON (Michel), LUCHET (Auguste). Thadeus le ressuscité. *Paris, Ambroise Dupont*, 1833 ; 2 vol. in-8, brochés (*couvert. imp.*)

Edition originale.

270. MÉMOIRES DE CHODRUC-DUCLOS, recueillis et publiés par J. Arago et Edouard Gouin. *Paris, Dolin*, 1843 ; 2 vol. in-8, brochés (*couvert. imp.*)

Edition originale.

271. MÉMOIRES DU BOURREAU DE LONDRES, écrits par lui-même et publiés par le chirurgien de Newgate. *Paris*, 1839; in-8, front., broché (*couvert. imp.*)

La couverture, qui est doublée, est datée de 1840.

272. MERCŒUR (Mlle Elisa) (de Nantes). Poésies. *Paris, Crapelet*, 1829; in-16, cart., non rogné (*cart. de l'éditeur*).

Seconde édition, augmentée de nouvelles pièces.

PROSPER MÉRIMÉE

273. Théâtre de Clara Gazul, comédienne espagnole. *Paris, A. Sautelet et Cie*, 1825 ; in-8, cartonné en toile, ébarbé.

Edition originale.

274. Théâtre de Clara Gazul, comédienne espagnole. *Paris, H. Fournier jeune*, 1830 ; in-8, broché, non coupé (*couvert. imp*).

Seconde édition, contenant deux pièces de plus que la première. *l'Occasion, le Carrosse du Saint-Sacrement*.
Bel exemplaire.

275. Même ouvrage, même édition, in-8, veau fauve, fil., ébarbé (*Thouvenin*).

Exemplaire de la bibliothèque Soleinne.

276. La Guzla, ou choix de poésies illyriques, recueillies dans la Dalmatie, la Bosnie, la Croatie et l'Herzegowine. *Paris, Levrault*, 1827 ; in-16, portrait d'Hyacinthe Maglanovich, broché (*couvert. imp.*)

Edition originale.

277. La Jaquerie, scènes féodales, suivies de la Famille de Carvajal, drame, par l'auteur du *Théâtre de Clara Gazul*. *Paris, Brissot-Thivars*, 1828 ; in-8, broché (*couvert. imp.*)

Edition originale. Bel exemplaire.

278. Scènes féodales. La Jaquerie, par Prosper Mérimée. *Paris. Fournier jeune*, 1833 ; in-8, broché (*couvert. imp.*)

Deuxième édition.

279. 1572. Chronique du temps de Charles IX, par l'auteur du *Théâtre de Clara Gazul. Paris, Mesnier*, 1829 ; in-8, cartonnage, dos et coins maroq. vert foncé.

Edition originale ; marge du titre remise.

280. 1572. Chronique du règne de Charles IX, par l'auteur du *Théâtre de Clara Gazul. Paris, Fournier jeune*, 1832 ; in-8, dos et coins mar. brun, tête dor., non rog.

Seconde édition.

281. Mosaïque, recueil de contes et nouvelles, par Prosper Mérimée. *Paris, Fournier jeune*, 1833; in-8, broché (*couvert. imp.*)

Edition originale. Bel exemplaire.

282. La double méprise, par l'auteur du *Théâtre de Clara Gazul. Paris, Fournier*, 1833 ; in-8, broché.

Edition originale.

283. Notes d'un voyage dans le midi de la France, par Prosper Mérimée. *Paris, librairie de Fournier*, 1835 ; in-8, broché (*couvert. imp.*)

Edition originale. Exemplaire contenant les deux planches.

284. Notes d'un voyage dans l'Ouest de la France, par Prosper Mérimée. *Paris, librairie de Fournier*, 1836 ; in-8, broché, non coupé.

Edition originale, sans les planches.

285. Notes d'un voyage en Auvergne, par Prosper Mérimée. *Paris, Fournier*, 1838 ; in-8, broché, non coupé.

Edition originale.

286. Notes d'un voyage en Corse, par Prosper Mérimé *Paris, Fournier jeune*, 1840 ; in-8, broché (*couvert. imp.*)

Edition originale. Bel exemplaire contenant onze planches.

287. Essai sur la guerre sociale, par P. Mérimée. *Paris, Firmin Didot*, 1841 ; in-8, broché.

Tiré à petit nombre, rare.

288. Colomba, par Prosper Mérimée. *Paris, Magen et Comon*, 1841 ; in-8, broché (*couvert. imp.*)

Edition originale. Bel exemplaire.

289. Colomba, par Prosper Mérimée, avec deux dessins de J. Worms, gravés à l'eau-forte par Champollion. *Paris*, 1876 ; in-32, broché.

De la *Petite Bibliothèque Charpentier*. Exemplaire sur papier de Hollande.

290. Etudes sur l'histoire romaine, par Prosper Mérimée. *Paris, Victor Magen*, 1844 ; 2 vol. in-8, brochés, non coupés (*couvert. imp.*)

Edition originale.

291. Carmen, par Prosper Mérimée. *Paris, Michel Lévy frères*, 1846 ; in-8, broché (*couvert. imp.*)

Edition originale ; la couverture est doublée.

292. Histoire de Don Pèdre Ier, roi de Castille, par Prosper Mérimée. *Paris, Charpentier*, 1848 ; in-8, broché (*couvert. imp.*)

Edition originale.

293. Episode le l'histoire de Russie. — Les faux Demetrius. par Prosper Mérimée. *Paris, Michel Lévy frères*, 1854 ; in-12, broché (*couvert. imp.*)

Edition originale avec une couverture portant : *deuxième édition*.

294. H. B. (Henri Beyle) par un des Quarante, avec un frontispice stupéfiant, dessiné et gravé par S. P. Q. R. *Eleutheropolis*, 1864 ; in-18, pap. de Holl., broché.

Édition publiée à Bruxelles par Gay. Frontispice de Rops en deux états sur papier de Chine (noir et bistre).

295. La Chambre bleue, nouvelle dédiée à Madame de La Rhune. *Bruxelles, librairie de la Place de la Monnaie*, 1872; in-8, broché (*couvert. imp.*)

Édition originale tirée à 120 exemplaires. Exemplaire très frais, non coupé.

296. Lettre à une inconnue, par Prosper Mérimée, précédées d'une étude sur Mérimée, par H. Taine. *Paris, Michel Lévy frères*, 1874; 2 vol. in-8, brochés (*couvert. imp.*).

Édition originale.

297. Le même ouvrage. *Paris, Michel Lévy frères*, 1874; 2 vol. in-8, brochés.

Cinquième édition entièrement revue.

298. Prosper Mérimée. Les deux héritages. *Michel Lévy*, 1853. — Mélanges historiques et littéraires. *Id.* 1855. — Les Cosaques d'autrefois. *Id.* 1865. — Dernières nouvelles. *Id.* 1873. — Études sur les arts au moyen-âge. *Id.* 1875. Ensemble, 5 vol. in-12, brochés (*couvert. imp*).

Éditions originales ou premières éditions collectives.

299. Prosper Mérimée. Mateo Falcone, publié d'après le manuscrit autographe de l'auteur. *Paris, Charpentier*, 1876; pet. in-4, papier de Hollande, broché.

Tiré à cent exemplaires. Seule édition authentique de *Mateo Falcone*. Beau portrait d'après une aquarelle où MM. Queux de St-Hilaire et Maurice Tourneux ont cru reconnaître une main féminine, mais qui est en réalité de Rochard, miniaturiste français établi en Angleterre, grand ami de Léonor et de Prosper Mérimée. Voir *Simon-Jacques Rochard* (1788-1872) par Ch. Ephrussi. Paris, 1892.

300. Prosper Mérimée Lettres à M. Panizzi, 1850-1870, publiées par Louis Fagan. *Paris, Calmann-Lévy*, 1881 ; 2 vol. in-8, portraits, brochés.

---

301. MERVILLE. Paul Briolat, *Paris, B. Renault*, 1831 ; in-8, broché (*couvert. imp.*).

Edition originale.

302. Même ouvrage, même édition, in-8, cart., non rogné.

MÉRY

303. Le Bonnet vert, par J. Méry, *Paris, Boulland*, 1830 ; in-8, broché. (*couvert. imp.*)

Bel exemplaire de l'édition originale, rare. Vignette de Johannot répétée sur le titre et la couverture.

304. Même ouvrage, même édition, in-8, demi-rel., toile bleue, ébarbé.

305. Le Bonnet vert, par J. Méry. *Paris, Boulland*, 1830 ; in-8, broché.

Edition originale avec une nouvelle couverture portant la date de 1831 et au dos : *seconde édition.*

306. Scènes de la vie italienne, par Méry. *Paris, Dumont*, 1837 ; 2 vol., in-8, brochés.

Edition originale.

307. La Juive au Vatican, par Méry. *Paris, L. de Potter, s. d.*, 3 vol. in-8, brochés.

Edition originale ; cachet de cabinet de lecture au troisième feuillet de chaque volume.

308. Le Chariot d'enfant, drame en vers, en cinq actes et sept tableaux, traduction du drame indien du Roi Soudraka, par Méry et Gérard de Nerval. *Paris, Giraud et Dagneau*, 1850 ; in-12, broché (*couvert. imp.*)

Edition originale.

309. L'Imagier de Harlem, ou la découverte de l'Imprimerie, drame-légende à grand spectacle, en cinq actes et dix tableaux, en prose et en vers, de Méry, Gérard de Nerval et Bernard Lopez. *Paris, librairie théâtrale*, 1852 ; in-12, broché (*couvert. imp.*)

Edition originale.

310. Saint-Pierre de Rome, par Méry. *Paris, Gabriel Roux et Cassanet*, 1854 : 2 vol. in-8, brochés.

Edition originale.

311. Histoire d'une colline, par Méry. *Paris, Michel Lévy, fr.* 1855 ; in-16, br.

312. Méry. Contes et Nouvelles. *Victor Lecou*. 1852. — Une nuit du midi. *Librairie nouvelle*, 1855. — Nouvelles nouvelles. *Hachette*, 1858. Ens. 3 vol. in-12, brochés.

HENRY MONNIER

313. Scènes populaires dessinées à la plume par Henry Monnier, ornées d'un portrait de M. Prudhomme et d'un fac-simile de sa signature. *Paris, Levavasseur*, 1830 ; in-8, dos et coins maroq. r., tête dor., ébarbé.

Edition originale. Bel exemplaire avec six lithographies d'Henry Monnier en deux états (noires et coloriées.)

314. Même ouvrage, même édition ; in-8, dos et coins toile verte.

Exemplaire rogné, mais contenant la couverture imprimée.

315. Scènes populaires, dessinées à la plume par Henry Monnier, troisième édition. *Paris, Bruxelles et Londres*, 1831 ; in-16, broché (*couvert. imp.*)

Frontispice et six vignettes d'Henry Monnier gravées sur acier.

316. Scènes populaires dessinées à la plume par Henry Monnier. *Paris, librairie de Dumont*, 1836-39 ; 4 vol. in-8, brochés, non coupés, (*couvert. imp.*)

Quatrième édition pour les tomes 1 et 2 (1836) et troisième édition pour les tomes 3 et 4 (1839). Vignettes gravées sur bois d'après les dessins d'Henry Monnier.

317. Nouvelles scènes populaires dessinées à la plume par Henry Monnier, ornées du portrait de M. Prudhomme. *Paris, librairie de Dumont*, 1839 ; 2 vol. in-8, brochés (*couvert. imp.*)

Edition originale ; couvertures doublees. Vignettes gravées sur bois d'après les dessins d'Henry Monnier.

318. Scènes de la ville et de la campagne, avec vignettes sur bois, par Henry Monnier. *Paris, Dumont*, 1841 ; 2 vol. in-8 brochés, non coupés, (*couvert. imp.*)

Edition originale ; vignettes gravées sur bois d'après les dessins d'Henry Monnier.
Bel exemplaire.

319. Comédies bourgeoises, par Henry Monnier. *Paris, Michel Lévy frères*, 1858 ; in-16, broché (*couvert. imp.*)

De la collection Hetzel et Lévy.

320. MONNIER (Henry) et VAEZ (Gustave). Grandeur et décadence de M. Joseph Prudhomme, comédie en cinq actes et en prose. *Paris, M. Lévy fr.* 1853 ; in-12, demi-rel.

Edition originale.

---

321. MOORE (Thomas). Les amours des anges et mélodies irlandaises de Thomas Moore, traduction de l'anglais par Mme Louise Belloc. *Paris. Chasseriau*, 1823 : in-8, portrait, broché (*couvert. imp.*)

322. MURET (Théodore). Le Chevalier de Saint-Pons (Histoire de 1784). *Paris, Ambroise Dupont*, 1834 ; 2 vol. in-8, front. de Jules David, brochés (*couvert. imp.*)

Edition originale.

ALFRED DE MUSSET

323. Contes d'Espagne et d'Italie, par M. Alfred de Musset. *Paris, Urbain Canel*, 1830 ; in-8, broché (*couvert. imp.*)

Edition originale ; la couverture est doublée. La plupart des titres de cette édition portent les noms de deux libraires : *A. Levavasseur et Urbain Canel*.

324. La confession d'un enfant du siècle, par Alfred de Musset. *Paris, Félix Bonnaire*, 1836 ; 2 vol. in-8, demi-rel. toile bleue, non rognés.

Edition originale ; les deux faux-titres sont réimprimés.

325. Un Caprice, comédie en un acte et en prose, par Alfred de Musset. *Paris, Charpentier*, 1847 ; in-12, broché (*couvert. imp.*).

Edition originale.

326. Nouvelles, par Alfred et Paul de Musset. *Paris, Victor Magen*, 1848 ; in-8, demi-rel. toile non rogné.

Edition originale ; petit raccommodage au titre.

327. Il faut qu'une porte soit ouverte ou fermée, proverbe par Alfred de Musset. *Paris, Charpentier*, 1848 ; in-12, broché (*couvert. imp.*).

Edition originale.

328. Le Chandelier, comédie en 3 actes, par Alfred de Musset. *Paris, Charpentier*, 1848 ; in-12, dos et coins toile bleue, non rogné.

Edition originale.

329. Il ne faut jurer de rien, comédie en trois actes et en prose, par Alfred de Musset. *Paris, Charpentier*, 1848 ; in-12, dos et coins, toile bleue non rogné.

Edition originale.

330. Louison, comédie en deux actes et en vers, par Alfred de Musset. *Paris, Charpentier*, 1849 ; in-12, broché (*couvert. imp.*)

Edition originale.

331. Bettine, comédie en un acte et en prose, par Alfred de Musset. *Paris, Charpentier*. 1851 ; in-12, broché (*couv. imp.*).

Edition originale.

332. André del Sarte, drame en deux actes et en prose, par Alfred de Musset. *Paris, Charpentier*, 1851 ; in-12, broché (*couvert. imp.*).

Edition originale.

333. On ne badine pas avec l'amour, comédie en trois actes et en prose, par Alfred de Musset. *Paris, Charpentier*, 1861 ; in-12, broché (*couvert. imp.*)

Edition originale.

334. Fantasio, comédie en trois actes, en prose d'Alfred de Musset. *Paris, Charpentier*, 1866 ; in-12, broché (*couvert. imp.*).

Edition originale.

335. Carmosine, comédie en trois actes, en prose, par Alfred de Musset. *Paris, Charpentier*, 1865 ; in-18, broché (*couvert. imp.*).

Edition originale.

336. L'Anglais mangeur d'Opium, traduit de l'anglais et augmenté par A. D. M., (Alfred de Musset), avec une notice par Arthur Heulhard. *Paris, Moniteur du Bibliophile*, 1878 ; pet. in-4, papier vergé, broché.

337. Afred de Musset, premières éditions. *Charpentier*, 1848-1867 ; 6 vol. in-12, brochés (*couvert. imp.*).

Comédies et proverbes, 1848. — Poésies nouvelles, 1850. — Contes, 1854. — Nouvelles, 1856. — Œuvres posthumes, 1860. — Mélanges de littérature et de critique, 1867.

---

338. MUSSET (Paul de). La Table de nuit, équipées parisiennes. *Paris, Eugène Renduel*, 1832 ; in-8, broché.

Edition originale ; couverture imprimée doublée.

339. — Samuel, roman sérieux. *Paris, Eugène Renduel*, 1833 ; in-8, broché (*couvert. imp.*).

Edition originale ; frontispice de Célestin Nanteuil gravé à l'eau-forte et tiré sur papier de Chine.

340. — La Tète et le Cœur, nouvelles équipées. *Paris Renduel*, 1834 ; in-8, broché.

Edition originale.

341. — Le Bracelet, *Paris, Victor Magen*, 1840 ; in-8, broché.

Edition originale.

CHARLES NODIER

342. Essais d'un jeune barde, par Charles Nodier. *Paris et Besançon*, 1804 ; in-12, broché.

Edition originale.

343. Les Tristes, ou mélanges tirés des tablettes d'un suicidé, publiés par Charles Nodier. *Paris, Demonville*, 1806 ; in-8, broché *(couvert. imp.)*.

Edition originale.

344. Histoire des sociétés de l'armée et des conspirations militaires qui ont eu pour objet la destruction du gouvernement de Bonaparte. *Paris, Gide fils*, 1815 ; in-8, broché.

345. Jean Sbogar, (par Charles Nodier). *Paris, Gide fils*, 1818 ; 2 vol. in-18, brochés *(couvert. imp.)*.

Edition originale.

346. Bertram, ou le château de Saint-Aldobrand, tragédie en cinq actes, traduite librement de l'anglais du Rév. R. C. Maturin, par Taylor et Ch. Nodier. *Paris, Gide fils*, 1821 ; in-8, broché *(couvert. imp.)*.

Edition originale.

347. Poésies de Charles Nodier, recueillies et publiées par N. Delangle, deuxième édition. *Paris*, 1829 ; in-18, broché *(couvert. imp.)*

348. Histoire du Roi de Bohême et de ses sept châteaux. *Paris, Delangle frères*, 1830 ; in-8, vignettes sur bois, cart.

349. Souvenirs, épisodes et portraits pour servir à l'histoire de la Révolution et de l'Empire, par Charles Nodier. *Paris, Levavasseur*, 1831 : 2 vol. in-8, brochés.

Edition originale.

350. Mademoiselle de Marsan, par Charles Nodier. *Paris, Renduel*, 1832 : in-8, broché (*couvert. imp.*)

Edition originale.

351. Le Dernier chapitre de mon roman, par Charles Nodier. *Paris, Eugène Renduel*, 1832 : in-8, broché (*couvert. imp.*)

352. Inès de las Sierras, par Ch. Nodier. *Paris, Dumont*, 1837 : in-8, broché, non coupé (*couvert. imp.*).

Edition originale ; exemplaire neuf.

353. Les quatre talismans, conte raisonnable, suivi de la légende de sœur Béatrix, par Charles Nodier. *Paris, Dumont*, 1838 : in-8, broché, non coupé (*couvert. imp.*)

Edition originale ; exemplaire neuf.

354. La Neuvaine de la chandeleur et Lydie, nouvelles, par Charles Nodier. *Paris, Dumont*, 1840 ; in-8, broché (*couvert. imp.*)

Edition originale.

355. Bonaventure Despériers, Cirano de Bergerac, par Ch. Nodier, *Paris, J. Techener*, 1841 ; petit in-8, papier de Holl., broché.

Tiré à petit nombre.

356. Romans de Charles Nodier, éditions originales ; 4 vol. in-12, brochés.

Le Peintre de Saltzbourg, 1803. — Jean Sbogar, 1818. — Smarra ou les démons de la nuit, 1821. — Les dernières aventures du jeune d'Olban, 1829.

357. Œuvres de Charles Nodier : La Fée aux miettes. *Paris, Renduel*, 1835.— Contes en prose et en vers. *Id. Id.*, 1837. Ens. 2 vol. in-8, brochés (*couvert. imp.*)

358. Romans de Charles Nodier. *Paris, Charpentier*, 1840. — Contes de la veillée, par le même. *Id. Id.*, 1850. Ens. 2 vol. in-12, brochés.

---

359. OPALE (L'). *Paris, Urbain Canel et Adolphe Guyot*, 1834 ; in-16, broché (*couvert. imp.*)

Edition originale. Recueil de pièces en vers et en prose par trente-six femmes auteurs du dix-neuvième siècle.

360. ORTIGUE (Joseph d'). Le Balcon de l'Opéra. *Paris, librairie d'Eugène Renduel*, 1833 : in-8, cart. toile orange, non rogné.

Edition originale ; frontispice de Célestin Nanteuil, tiré sur papier de Chine. Cachet de cabinet de lecture sur le titre.

361. PERLE DE L'ILE D'ISCHIA (La), par Benedict d'O. *Paris, Delaunay*, 1837 : in-16, front. et titre gravé, broché, non coupé (*couvert. imp.*)

Edition originale.

362. PICTET (Adolphe). Une Course à Chamounix, conte fantastique, par Adolphe Pictet, major fédéral d'artillerie *Paris, Duprat*, 1838 : pet. in-8, broché, non coupé (*couvert. imp.*)

Edition originale recherchée. Deux figures de T. Johannot imprimées sur papier de Chine et portrait de George Sand sur le titre.

363. POMMIER (Amédée). Océanides et fantaisies. *Paris, Dolin*. 1839 ; in-8, broché (*couvert. imp.*)

Edition originale.

364\. POUJOULAT. La Bédouine. *Paris, Pougin*, 1835 ; 2 vol. in-16, brochés (*couvert. imp.*)

Edition originale ; deux figures de Célestin Nanteuil.

365\. POUYAT (Edouard). Les Etoiles, nouveau magazine assorti, par Edouard Pouyat. *Paris, Alexandre Johanneau*, 1834 ; in-8, broché (*couvert. imp.*)

Frontispice de A. Provost.

366\. QUINET (Edgar). Ahasvérus. *Paris, au bureau de la Revue des deux mondes. Londres, Baillière*, 1834 ; in-8, cart., non rogné.

Edition originale. Frontispice.

367\. RABBE (Alphonse). Album d'un pessimiste, variétés littéraires, politiques, morales et philosophiques. Œuvres posthumes d'Alphonse Rabbe, précédées d'une pièce de vers par Victor Hugo et d'une notice biographique, publié par le neveu de l'auteur. *Paris, Dumont*, 1836 ; 2 vol. in-8, brochés.

Edition originale.

368\. RÉGNIER-DESTOURBET. Les Septembriseurs, scènes historiques, par Régnier-Destourbet. *Paris, Delangle*, 1829 ; in-8, broché (*couvert. imp.*)

Troisième édition.

369\. — Louisa ou les douleurs d'une fille de joie, par M. l'abbé Tiberge (Régnier-Destourbet). *Paris, Delangle*, 1830 ; 2 vol. in-16, dos et coins maroq. r., tête dor., ébarbés.

Edition originale.

370\. — Louisa ou les douleurs d'une fille de joie, par l'abbé Tiberge (Régnier-Destourbet). Nouvelle édition. *Paris, Librairie centrale*, 1865 ; in-12, papier de Holl., broché.

371. — Charlotte Corday, drame en cinq actes et en prose, *Paris, Dumont*, 1831 ; in-8, broché *(couvert. imp.)*

Edition originale, rare.

372. — Charles II et l'Amant espagnol. *Paris, Dumont*, 1832 ; 4 vol. in-12, demi-rel.

Edition originale.

373. REMENSIANA. Historiettes, légendes et traductions du pays de Reims (par Louis Paris). *Reims, Jacquet*, 1845 ; in-32, broché.

374. REY-DUSSEUIL. Le Monde nouveau, histoire faisant suite à la fin du monde. *Paris, Eugène Renduel*, 1831 ; in-8, demi-rel. chag. violet, tr. jasp.

Edition originale.

375. — Le Cloitre Saint-Méry. *Paris, Ambroise Dupont*, 1832 ; in-8, broché *(couvert. imp.)*

Edition originale. Vignette-frontispice répétée sur la couverture.

376. ROGER DE BEAUVOIR. Il Pulcinella et l'homme des madones, Paris, Naples, Rome. *Paris, Abel Ledoux*, 1834 ; in-8, demi-rel. toile.

Edition originale ; vignette-frontispice gravée sur bois.

377. — Le même ouvrage, même édition, in-8, broché, non coupé *(couvert. imp.)*

Bel exemplaire.

378. — Le Café Procope. *Paris, librairie de Dumont*, 1835 ; in-8, broché *(couvert. imp.)*

Edition originale ; frontispice de Masson, gravé sur bois.

379. — La Cape et l'Epée. *Paris, Suau de Varennes et Cie*, 1837 ; in-8, broché *(couvert. imp.)*

Edition originale ; frontispice gravé sur acier par Célestin Nanteuil.

380. — Le même ouvrage, même édition ; in-8, demi-rel. toile, ébarbé.

Bel exemplaire avec l'ex-libris d'Asselineau.

381. — L'Eccellenza, ou les soirs au Lido. *Paris, Fournier jeune, s. d.*; in-8, dos et coins, toile verte.

Edition originale ; vignette-frontispice de T. Johannot, une des plus jolies de cet artiste.

382. ROMAN DU LYS (Le), par Sidi Boumarouen du désert. *Paris, Ebrard*, 1840 , in-16, broché.

383. ROMIEU (A.). Proverbes romantiques. *Paris, Ladvocat*, 1827 : in-8, broché.

384. ROYER (Alphonse). Manoël, roman. *Paris, Ledoux*, 1834 ; in-8, broché.

Edition originale ; la couverture imprimée est doublée.

385. ROYER (Alphonse) et BARBIER (Auguste). Les mauvais Garçons. *Paris, Eugène Renduel*, 1830 ; 2 vol. in-8, brochés (*couvert. imp.*)

Edition originale. 2 Vignettes de T. Johannot, répétées sur le titre et la couverture.

386. SACHET (Le), nouvelles par Philarète Chasles, Jules A. David, Ernest Desprez, A. de Labrière, L. de Maynard, Ch. Rabou. Alphonse Royer. *Paris, Abel Ledoux*, 1835 ; in-8, broché (*couvert. imp.*)

Edition originale. Frontispice gravé à l'eau-forte, par Mlle Ledoux, d'après A. Fouchery, et imprimé sur papier de Chine.

387. SAINTE-BEUVE. Volupté, par Sainte-Beuve. *Paris, Eugène Renduel*, 1834 ; 2 vol. in-8, brochés (*couv. imp.*)

Edition originale.

388. Même ouvrage, même édition ; 2 vol. in-8. demi-rel. toile bleue, tr. jasp.

389. — Pensées d'Août, poésies, par Sainte-Beuve. *Paris, Eugène Renduel*, 1837 : in-12, broché (*couvert. imp.*)

Edition originale ; la couverture porte la date de 1840.

390. SAINT-FÉLIX (Jules de). Dalilah. *Paris*, 1833 : in-8, broché.

391. — Le Roman d'Arabelle, *Paris*, *Urbain Canel et Adolphe Guyot*, 1834 ; in-8, broché (*couvert. imp.*)

392. — Cléopâtre, reine d'Egypte. *Paris* 1836 ; 2 vol, in-8, brochés.

393. — Les Nuits de Rome, par Jules de Saint-Félix, dessins de Godefroy Durand, *Paris*, *Dentu*, 1864 : in-12, vignettes, broché (*couvert. imp.*)

Un des cinq exemplaires imprimés sur papier de Hollande.

394. SAINT-MAURICE. Gilbert, chronique de l'Hôtel-Dieu (1780). *Paris*, *A. Denain*, 1832 ; 2 vol. in-8 brochés (*couvert. imp.*)

Edition originale. Deux vignettes d'Henry Mounier.

395. SAINTINE (X. B.) Le Mutilé. *Paris*, *Ambroise Dupont*, 1834 ; in-8 broché (*couvert. imp.*)

Cinquième édition ; sur la couverture, vignette de T. Johannot, gravée sur bois.

396. SALLE (Eusèbe de) Ali le Renard, ou la conquête d'Alger (1830), roman historique, *Paris*, *Charles Gosselin* 1832 ; 2 vol. in-8 demi. rel. toile verte, tr. jaspée.

Edition originale ; deux vignettes-frontispices de T. Johannot.

397. — Sakontala à Paris, roman de mœurs contemporaines. *Paris*, *Gosselin*, 1833, in-8 broché (*couvert. imp.*)

Edition originale. Vignette-frontispice gravée sur bois, imprimée sur papier de Chine, répétée sur la couverture.

398 SAND (George). Lucrezia Floriani. *Paris, Desessart* 847 ; 2 vol. in-8, cart. non rognés.

Edition originale ; cachet de cabinet de lecture sur les titres.

399. SAPHIR (Le), morceaux inédits de littérature moderne. *Paris, Urbain Canel et Adolphe Guyot*, 1832 ; in-16, broché (*couvert. imp.*)

Edition originale. Portrait gravé sur acier et imprimé sur papier de Chine, frontispice colorié.

400. SERVAN DE SUGNY. Le Suicide, *Paris, Charles Béchet*, 1832 ; in-8, broché (*couvert. imp.*)

Edition originale. Vignette d'H. Monnier sur le titre. Couverture en mauvais état, doublée.

401. SOIRÉES DE NEUILLY (Les). Esquisses dramatiques et historiques publiées par M. de Fongeray. *Paris*, 1827 ; in-8, broché (*couvert. imp.*)

Frontispice d'Henry Monnier.

402. SOULIÉ (Frédéric). Amours françaises, poésies. *Paris, Hippolyte Souverain*, 1842 ; in-8, portrait et fac-simile, broché.

Edition originale, le faux titre est réimprimé.

403. — Les deux cadavres. *Paris, Dolin*, 1844 ; 2 vol. in-8, brochés (*couvert. imp.*)

Edition originale.

404. SOUMET (Alexandre) et BELMONTET (Louis). Une fête de Néron, tragédie en cinq actes, deuxième édition. *Paris, Barba*, 1830 ; in-8, broché (*couvert. imp.*)

Lithographie de Raffet.

405. STENDHAL. Le Rouge et le Noir, chronique du XIXe Siècle par M. de Stendhal (Henri Beyle). *Paris, A. Levavasseur*, 1831 ; 2 vol. in-8, brochés.

Edition originale ; couvertures imprimées (les dos manquent). Deux vignettes d'Henry Monnier répétées sur les titres et les couvertures.

406. — Le Rouge et le Noir, chronique du XIXe Siècle, par M. de Stendhal (H. Beyle), 2e édition, *Paris, Levavasseur et Urbain Canel*, 1831 ; 6 vol. in-12, dos et coins toile rouge, non rognés.

Fort jolie édition, plus rare que la première.

407. — La Chartreuse de Parme, par Stendhal (Henri Beyle), précédée d'une notice sur la vie et les ouvrages de Beyle, par Colomb. *Paris, Hetzel*, 1846; in-12, broché.

408. — Chroniques et nouvelle. *Paris, Librairie Nouvelle*, 1855 ; in-12, broché.

409. STERN (Daniel). Nelida, par Daniel Stern (comtesse d'Agoult). *Paris, Amyot*, 1846 ; in-8, broché (*couvert. imp.*)

Edition originale.

EUGÈNE SUE

410. Atar Gull, par Eugène Sue. *Paris, Ch. Vimont*, 1831 ; in-8, dos et coins maroq. vert. tête dor. ébarbé (*Amand*).

Edition originale, contenant quatre vignettes d'Henry Monnier gravées sur bois, la deuxième est répétée sur le titre.
Bel exemplaire.

411. Même ouvrage : même édition ; in-8, vignettes d'Henry Monnier, demi-rel. veau fauve, tr. marb.

412. Plik et Plok, par Eugène Sue. *Paris, Eugène Renduel*,

1831 : in-8, broché (*couvert. imp.*)

Edition originale.

413. La Salamandre, roman maritime, par Eugène Sue. *Paris, Renduel*, 1832 ; 2 vol. in-8, brochés (*couvert. imp.*)

Seconde édition.

414. La Vigie de Koat-Ven, roman maritime (1780-1830) par Eugène Sue. *Paris, Vimont*, 1833 : 4 vol. in-8, brochés (*couvert. imp.*)

Edition originale.

415. Cécile, par Eugène Sue. *Paris Urbain Canel et Adolphe Guyot*, 1834 : in-12. dos et coins toile bleue, ébarbé.

Edition originale.

416. Même ouvrage, même édition : in-12, dos et coins maroq. bleu tr. jaspée.

417. La Marquise Cornelia d'Alti ou le lac d'Annecy et ses environs, par Eugène Sue. *Annecy*, 1852 : in-12 broché.

Edition originale.

---

418. TAMPUCCI (Hippolyte). Poésies d'Hippolyte Tampucci, seconde édition, augmentée de poésies nouvelles. *Paris, Paulin*, 1833 : in-8, broché (*couvert. imp.*)

Frontispice de Célestin Nanteuil gravé à l'eau forte et tiré sur papier de Chine.

419. THOURET (Antony). Toussaint le Mulâtre, par Antony Thouret. *Paris, Levavasseur*, 1834 : 2 vol. in-8, brochés (*Couvert. imp.*)

Edition originale ornée de deux frontispices de Grandville gravés sur bois par Porret et tirés sur papier de Chine.

420. VACQUERIE (Auguste). Demi-teintes. *Paris, Garnier frères*, 1845 ; in-12 broché, non coupé (*couvert. imp.*)

Edition originale.

421. VENDÉEN (Le), épisode (1793) par A. F. D. S. *Paris, Moutardier*, 1832 : 2 vol. in-8 brochés (*couvert. imp.*)

Edition originale ; deux vignettes-frontispices de T. Johannot. gravées sur bois et imprimées sur papier de Chine rose.

COMTE ALFRED DE VIGNY

422. Cinq Mars, ou une conjuration sous Louis XIII, par le Comte Alfred de Vigny. *Paris, Urbain Canel*, 1826 : 2 vol. in-8, cart., toile noire, tr. jasp.

Edition originale.

423. Le More de Venise, Othello, tragédie de Shakespeare en vers français, par le Comte Alfred de Vigny. *Paris, Levavasseur*, 1830 ; in-8, broché (*couvert. imp.*).

Edition originale.

424. La Maréchale d'Ancre, drame, par le Comte Alfred de Vigny. *Paris, Gosselin et Barba*, 1831 ; in-8, broché (*couvert. imp.*)

Edition originale ; frontispice (lithographie) de T. Johannot. Envoi d'auteur signé sur le faux-titre.

425. Les consultations du Docteur Noir. Stello, ou les Diables bleus (blue devils), par le Comte Alfred de Vigny, première consultation. *Paris, Gosselin*, 1832 : in-8, broché (*couvert. imp.*)

Edition originale ornée de trois vignettes de T. Johannot, imprimées sur papier de Chine.

426. Stello, par le Comte Alfred de Vigny, 3me édition ornée de trois vignettes dessinées par Tony Johannot. *Paris, Ch. Gosselin*, 1836 ; in-8, broché (*couvert. imp.*)

427. Servitude et grandeur militaires par le Comte Alfred de Vigny. *Paris, Victor Magen*, 1836 ; in-8, broché (*couvert. imp.*)

Seconde édition.

428. Poésies complètes du Comte Alfred de Vigny, de l'Académie française, sixième édition. *Paris, Charpentier*, 1852 ; in-12, broché (*couvert. imp.*)

---

429. VITET (L.). Les Barricades, scènes historiques. Mai 1588. *Paris*, 1827 ; troisième édition. — La Mort de Henri III. Août 1589, scènes historiques. *Paris*, 1829 ; édition originale. Ensemble 2 vol. in-8, brochés (*couvert. imp.*)

430. WALDOR (Mme Mélanie). L'Ecuyer Dauberon, ou l'oratoire de Bonsecours, par Mme Mélanie Waldor. *Paris, Moutardier*, 1832 ; in-8, broché (*couvert. imp.*)

Edition originale ornée de trois belles figures de J. Gigoux et T. Johannot à la manière noire et d'une vignette frontispice de T. Johannot gravée sur bois.

Sur le titre : Envoi de l'auteur signé à Châteaubriand.

PORTRAITS ET VIGNETTES

---

431. BALZAC, par Bertall. — A. de Musset, par Riffaut. — Méry, lith. d'Alophe. — Méry, lith. extraite du *Miroir dramatique* — Stendhal, d'après David.

432. BOREL (Petrus), trois portraits.

Portrait gravé par Célestin Nanteuil d'après Louis Boulanger. — Portrait en médaillon gravé par Malpertuy. — Portrait gravé par l'Im. à la sanguine, sur papier de Chine.

433. CONTES BRUNS ; trois lithographies publiées par l'*Artiste* pour *Clarisse* et l'*Œil sans paupières*.

434. CUISINIER. Eau-forte pour la *Vallée aux loups* de H. de Latouche ; belle épreuve avant la lettre.

435. CUISINIER. Eau-forte pour l'*Ane mort et la femme guillotinée* de Jules Janin.

Épreuves en noir et en bistre, les deux sur Chine volant.

436. CUISINIER. Pièce emblématique gravée à l'eau-forte, pour la *Légende des siècles*, de Victor Hugo.

Deux épreuves sur chine volant, l'une en noir, l'autre à la sanguine.

437. DEVERIA. Vignette frontispice gravée à l'eau-forte par Pierre Adam pour la première édition de *Bug-Jargal*.

438. DEVERIA (A.) Le Sylphe, dessin à la sépia, sur chine, pour les œuvres de Victor Hugo.

439. DEVERIA (A.) La Chauve-Souris, dessin à la sépia, sur chine, pour les œuvres de Victor Hugo.

440. DUMAS (Alexandre), 4 gravures et lithographies.

Portrait de Dumas par Geffroy. — Portrait charge, lithographie. — Bocage dans *Antoni*, lith. — Bocage et Adolphe dans *Térésa*, lith. de Johannot.

441. GAUTIER (T.). Mademoiselle de Maupin, 6 pièces.

Quatre figures de Giraud gravées à l'eau-forte par Champollion pour l'édition Charpentier, in-32. — Portrait de T. Gautier gravé à l'eau-forte par Thérond. — Portrait charge de T. Gautier, gravé à l'eau-forte et tiré sur papier de Chine.

442. HUGO (Victor), 9 gravures et lithographies.

Portrait de V. Hugo, gr. par A. Masson. — Mad. V. Hugo, lith. de Nanteuil d'après Boulanger. — Mlle Juliette, lith. de Noël. — Lucrèce et les Burgraves, lith. extraite de la *Caricature*. — Les Bulos graves, lith., extraite de la *Caricature*. — Les Châtiments, lith. de Daumier. — Panthéon charivarique, etc.

443. JOHANNOT (Alfred) Lithographie pour *Antony* extraite de l'*Artiste*.

444. JOHANNOT (Tony). Scène de *Sous les Tilleuls*, d'Alphonse Karr, eau-forte extraite de l'*Artiste*.

445. JOHANNOT (Tony). Titre frontispice pour le *Roi s'amuse*, de Victor Hugo.

446. JOHANNOT (Tony). Suite complète de trois vignettes, gravées sur bois par Breviere, pour *Stello*, d'Alfred de Vigny.

Epreuves sur Chine volant.

447. JOHANNOT (Tony). *Soirée d'Artiste*, scène gravée à l'eau-forte, représentant une soirée à l'Arsenal.

Jolie pièce publiée par l'*Artiste*

448. MÉRIMÉE (Prosper), portrait gravé à l'eau-forte par Nargeot.

Belle épreuve.

449. NANTEUIL (Célestin). Dina la belle Juive, eau-forte tirée sur papier de chine, extraite de l'*Artiste*.

Belle pièce.

450. NODIER (Charles), 2 portraits.

Portrait gravé par Riffaut ; belle épreuve. — Portrait, lithographie de Delpech.

Châteaudun. — Imp. J. Pigelet.

www.ingramcontent.com/pod-product-compliance
Ingram Content Group UK Ltd.
Pitfield, Milton Keynes, MK11 3LW, UK
UKHW020355180726
13839UKWH00003B/1122